Créditos de publicación

Dona Herweck Rice, *Jefa de redacción*
Lee Aucoin, *Directora creativa*
Conni Medina, M.A.Ed., *Directora editorial*
Kristy Stark, M.A.Ed., *Editora principal*
Torrey Maloof, *Editora*
Caroline Gasca, M.S.Ed., *Editora educativa asociada*
Kristine Magnien, M.S.Ed., *Editora educativa asociada*
Neri Garcia, *Diseñador principal*
Stephanie Reid, *Investigadora de fotografía*
Rachelle Cracchiolo, M.S.Ed., *Editora comercial*

Créditos de imágenes

tapa: Thinkstock; págs. 3, 9, 12, 40 iStockphoto; todas las demás imágenes de Shutterstock.

Teacher Created Materials
5301 Oceanus Drive
Huntington Beach, CA 92649-1030
http://www.tcmpub.com
ISBN 978-1-4333-5322-2
© 2013 Teacher Created Materials, Inc.

Índice

Querida familia:

¡Bienvenida a cuarto grado! Este es un año de transición importante para su hijo. En cuarto grado, se espera que los alumnos lean libros de texto más difíciles. Sin duda usted escuchará más sobre historia y ciencia, ya que su hijo también comenzará a realizar algunos proyectos de investigación. ¡Ah, y probablemente, muy pronto también estará repasando sus aptitudes para las divisiones largas!

Es posible que los intereses de su hijo después de la escuela sean más exigentes. Todas las actividades, como los deportes, la música y los grupos organizados toman tiempo. Posiblemente su hijo quiera estar más tiempo con sus amigos; quizá desee hacer los proyectos escolares con ellos. Es un año excelente para comenzar a delegar más responsabilidad en su hijo, como por ejemplo hacerse cargo de los requisitos de su escuela. En esta guía del padre también encontrará algunos consejos para comenzar esa transición.

Dedique un poco de tiempo para averiguar cómo prefiere el maestro de su hijo comunicarse con las familias. Seguramente querrá permanecer en contacto y construir una sociedad con él para que el año transcurra sin sobresaltos. Valdrá la pena aquellos días en que otras exigencias lo mantengan ocupado (p. ej., recados, trabajos, otros hijos).

Una última idea...

Quizá su hijo parezca tener edad suficiente para ser más independiente. ¡Pero aun así, los niños necesitan a los adultos (padres, abuelos u otros cuidadores) que garanticen que el cuarto grado sea un año de aprendizaje y diversión!

Un buen
comienzo

Capitalice las expectativas escolares por las que su hijo debe adquirir más responsabilidad. Los maestros esperan que los alumnos de esta edad sean cada vez más independientes. Usted debería esperar lo mismo en casa.

Estas ideas ayudarán a todos a comenzar y terminar el día de manera más tranquila.

Administración del tiempo

Los buenos hábitos no se forman de la noche a la mañana. Si a su hijo le cuesta administrar su tiempo, esté preparado para intervenir y supervisar las actividades después de la escuela.

Listas de control

Ponga listas de control y recordatorios en lugares visibles para ayudar a su hijo a establecer rutinas y hábitos constantes.

4:00	Refrigerio
4:30	Práctica de piano
5:00	Poner la mesa, alimentar al perro
5:30	Cena
6:30	Tarea y momento de lectura
7:00	Tiempo libre (después de la tarea)
7:30	Prepararse para ir a dormir

Cajas de entrada y salida

Pida a su hijo que vacíe su mochila después de la escuela y coloque la tarea y los papeles que deben revisarse en la bandeja de entrada. Una vez que el trabajo esté completo, que los pase a la bandeja de salida.

Empaque

Junte los papeles de la caja de salida y déselos a su hijo para que los guarde en su mochila la noche anterior. De este modo, estará listo para el momento frenético de la mañana.

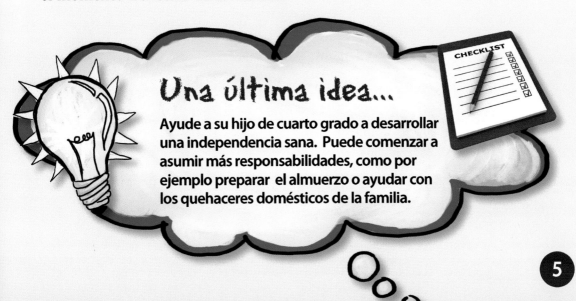

Una última idea...

Ayude a su hijo de cuarto grado a desarrollar una independencia sana. Puede comenzar a asumir más responsabilidades, como por ejemplo preparar el almuerzo o ayudar con los quehaceres domésticos de la familia.

Ayudas para la
tarea

Puede esperarse que su hijo de cuarto grado haga 40 minutos o más de tarea todas las noches. Administrar el tiempo será cada vez más importante para su hijo.

Revisión

Comience revisando las tareas. Empiece primero con las tareas más difíciles. Decida qué hay que hacer para cumplir con los plazos de proyectos más largos. Eso evitará que todos entren en pánico más tarde.

Pequeños pasos

Su hijo necesita pasos razonables. Sea su guía y ayude a su hijo a realizar progresos constantes sin que se frustre. Tenga muchos elementos de trabajo a mano.

Una última idea...

Sea paciente: háblele para que entienda el problema, pero no haga el trabajo en lugar de su hijo.

$8\overline{)40}$

$3\overline{)24}$

Sigan
conversando

Es posible que su hijo de cuarto grado esté menos dispuesto a hablar sobre su día en la escuela. Es común que dé respuestas de una sola palabra a las preguntas como: "¿Qué hiciste hoy en la escuela?" (Nada). "¿Cómo te fue en la escuela?" (Bien). "¿Tienes tarea?" (No). Es momento de desarrollar buenas aptitudes de comunicación y mantener las conversaciones.

• •

Intente estas ideas para incentivar a su hijo a hablar.

¿Qué fue lo más interesante que aprendiste hoy? ¿Por qué?

Si fueras el maestro, ¿qué cosa habrías hecho de manera diferente hoy?

¿Cuál fue tu materia favorita hoy? ¿Por qué?

Una última idea...

La comunicación abierta es fundamental a medida que su hijo crece. Es posible que su hijo de cuarto grado deba enfrentar algunas situaciones, como por ejemplo intimidación, de las que usted querrá conversar en profundidad. Si surge algo que le preocupa, no dude en comunicarse con el maestro de su hijo.

Dormir
te hace inteligente

Este año, los niños de cuarto grado soportan más presiones, así que dormir bien por la noche resulta cada vez más importante. Seguramente le habrá oído decir: "¡Pero no estoy cansado!" Sin embargo, debe asegurarse de que su hijo de cuarto grado tenga un buen descanso.

Estos son algunos consejos para asegurarse de que su hijo de cuarto grado duerma suficiente.

Cenar temprano

Sirva la cena por lo menos dos horas antes de la hora de acostarse. Evite la cafeína o los refrigerios azucarados.

Camarón que se duerme, se lo lleva la corriente

No deje que su hijo duerma "solo unos minutos más" por la mañana. ¡La rutina es lo que importa!

En el siguiente cuadro se indica qué cantidad de sueño necesitan los niños.

Edad	Sueño necesario
1–3 años	12–14 horas
3–5 años	11–13 horas
5–12 años	10–11 horas

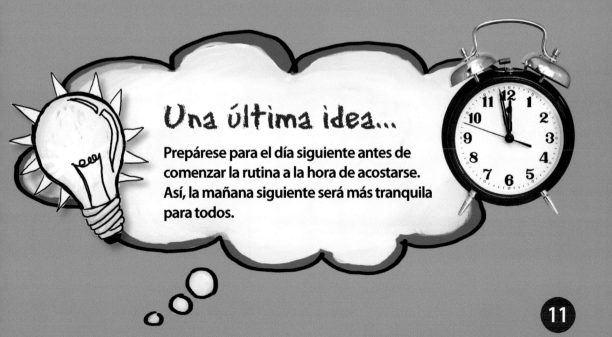

Una última idea...

Prepárese para el día siguiente antes de comenzar la rutina a la hora de acostarse. Así, la mañana siguiente será más tranquila para todos.

Las 10
cosas más importantes que su hijo de cuarto grado debe saber

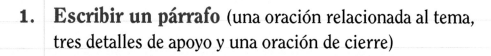

1. **Escribir un párrafo** (una oración relacionada al tema, tres detalles de apoyo y una oración de cierre)

2. Relaciones **complejas de causa y efecto**

3. **Estrategias para extraer el significado** de las historias

4. **Decimales y fracciones** (sumar, restar y comparar)

5. **Multiplicar números de varias cifras** por números de dos cifras

6. **Dividir números de varias cifras** por números de una cifra (división larga)

7. **Visión general de la vida, la Tierra y las ciencias físicas** (p. ej., comparación de animales, introducción al clima y fuentes de luz y energía)

8. **Hacer preguntas sobre objetos y organismos** y utilizar la información para dar una explicación razonable

9. **Historia de su estado**

10. **Tribus indígenas americanas** que vivieron en su estado

Palabras
sobre la marcha

Los niños de cuarto grado están ampliando su vocabulario, ya que leen una variedad de textos diferentes. ¡Tener aptitudes sólidas de vocabulario vale la pena cuando encuentran nuevas palabras!

Estos juegos de palabras ayudarán a su
hijo de cuarto grado a desarrollar su vocabulario.

Homófonos

Una palabra homófona es aquella que se pronuncia igual que otra palabra pero tiene un significado diferente. Cuando vea palabras homófonas en el mundo que le rodea, trate de señalarlas. "La palabra *tubo* tiene dos significados. ¿Cuáles son y cómo se escriben?"

Anagramas

Los anagramas se forman cambiando de lugar las letras de una palabra para formar otra palabra. "Mira la palabra *arcos*. ¿Puedes pensar en otras tres palabras que se formen con esas letras?" (rocas, rosca y orcas).

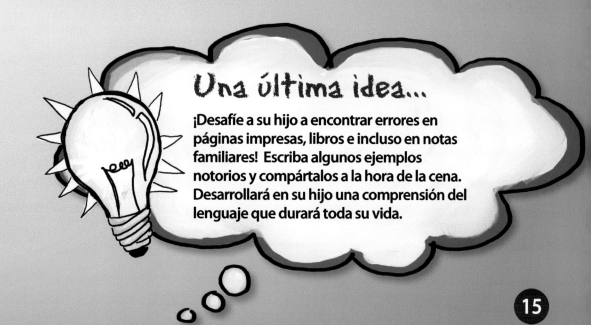

Una última idea...

¡Desafíe a su hijo a encontrar errores en páginas impresas, libros e incluso en notas familiares! Escriba algunos ejemplos notorios y compártalos a la hora de la cena. Desarrollará en su hijo una comprensión del lenguaje que durará toda su vida.

Lectura

para divertirse

Los niños de cuarto grado estarán leyendo libros de aventuras, libros de texto y libros informativos cada vez más largos cuando realicen informes de investigación. Usted puede reforzar sus aptitudes de lectura en casa si hace que la lectura sea un enfoque familiar.

Estas actividades ayudarán a mejorar
las aptitudes de lectura de su hijo.

Proyecto de libro

Pida a su hijo que elabore un proyecto para representar el libro que
está leyendo. Los crucigramas, las historietas, el *collage*, los murales,
las líneas de tiempo y los dioramas son todas ideas excelentes.

Premio al libro

Invente un premio familiar para el mejor libro de la semana, del mes
o del año. Lea una serie de un solo autor, luego otorgue un premio
para el mejor de la serie. Lleve un diario que incluya las calificaciones
y las mejores (y peores) características de los libros.

Revistas

Suscríbase a una revista específica como *Dig* (arqueología), *Faces*
(personas de todo el mundo) o *Muse* (historia, ciencia y arte)
para su hijo.

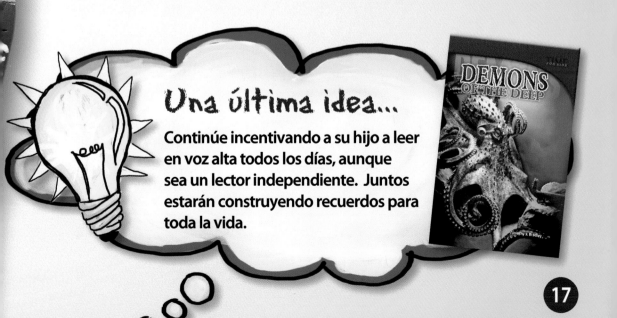

Una última idea...

Continúe incentivando a su hijo a leer
en voz alta todos los días, aunque
sea un lector independiente. Juntos
estarán construyendo recuerdos para
toda la vida.

DEMONS OF THE DEEP

Formar
una biblioteca

La biblioteca de su hijo habla mucho sobre aquello que le gusta y lo que no le gusta. Este es un buen momento para organizar y ampliar la biblioteca, poblándola de libros de referencia útiles, más libros de aventuras y libros informativos.

Estos son algunos consejos para buscar libros.

- **Ventas con rebajas en librerías**
- **Intercambio de libros con vecinos**
- **Ventas de libros en bibliotecas**
- **Ventas de objetos usados**

Aquí tiene algunos libros que su hijo de cuarto grado quizá disfrute.

Bud, Not Buddy por Christopher Paul Curtis

Tales of a Fourth Grade Nothing por Judy Blume

Hoot por Carl Hiaasen

Dear Mr. Henshaw por Beverly Cleary

Peter and the Starcatchers por Dave Barry y Ridley Pearson

James and the Giant Peach por Roald Dahl

Wayside School por Louis Sachar

Maniac McGee por Jerry Spinelli

Frindle por Andrew Clements

Diary of a Wimpy Kid por Jeff Kinney

Una última idea...

Dedique tiempo a leer algunos de los libros de aventuras que su hijo esté leyendo. ¡Descubrirá que existen algunos libros excelentes, no importa la edad que se indique en la tapa!

Escritura
y ortografía

A medida que su hijo de cuarto grado adquiere experiencia en la escritura, la ortografía se vuelve más importante. Practiquen esas palabras tan difíciles denominadas "demonios de la ortografía", como por ejemplo *early, heard, high* y *weigh*. Asimismo, presten atención a las palabras con ortografía similar, como *dairy* y *diary* o *where, we're, wear* y *were*.

• •

Prepararse para los exámenes de ortografía puede ser divertido con algunas de las siguientes estrategias.

Para formar el plural de la mayoría de las palabras, se agrega *s*: *dog, dogs*

Si una palabra termina en *y*, se elimina la *y* y se agrega *ies*: *pony, ponies*

Si una palabra termina en *s, ch, sh* o *x*, se agrega *es*: *kiss, kisses; punch, punches; dish, dishes; box, boxes*

Si una palabra termina en *f*, se cambia la *f* por *ves*: *leaf, leaves* (Excepto en palabras como *chef*. En ese caso solo se agrega la *s*).

20

Entrenador de escritura

Escritura previa
Es la etapa de debate, donde se conversa y se anotan las ideas o palabras claves.

Borrador
La gramática y la puntuación pasan a segundo plano; lo importante en esta etapa es acomodar las ideas mientras se escribe el borrador.

Revisión
Mientras revisa, el autor puede elaborar, condensar o reorganizar el borrador. A veces el proyecto toma una dirección completamente nueva durante esta etapa.

Edición
El escritor prudente sabe que editar significa prestar mucha atención a la puntuación, la ortografía, la gramática, las transiciones y la fluidez.

Publicar y compartir
Publicar puede ser tan fácil como dar forma final a la escritura para ser compartida. Ponga el escrito en una carpeta, agregue una ilustración y asegúrese de que el texto esté pulido. ¡Ya está listo para ser compartido con amigos y familiares!

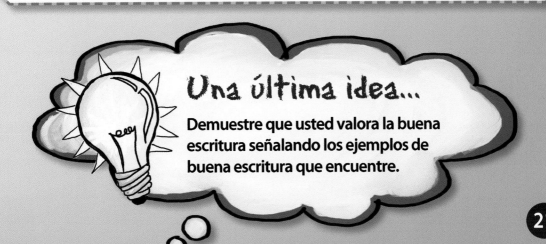

Una última idea...

Demuestre que usted valora la buena escritura señalando los ejemplos de buena escritura que encuentre.

Sinónimos

de *Said*

Su hijo de cuarto grado está explorando sus aptitudes de escritura. Ayúdelo a distribuir los verbos de diálogo entre la palabra *said* y sus sinónimos.

admitted	begged	concluded
agreed	blurted	cried
answered	boasted	declared
argued	bragged	demanded
asked	bugged	described
	called	divulged
	chatted	exclaimed
	complained	explained

gasped	objected	stated
groaned	offered	taunted
grumbled	replied	teased
laughed	responded	wailed
lied	retorted	whimpered
mumbled	screamed	whined
murmured	shouted	whispered
muttered	sobbed	worried

Una última idea...

A menudo existe más de una manera de decir las cosas. Cuando su hijo haya finalizado una tarea de escritura, incentívelo a que vuelva a leerla y a que reemplace algunas palabras con un sinónimo más fuerte.

Aptitudes
matemáticas

Enfrente los problemas con buen humor, aunque las matemáticas le resulten difíciles. Relájese y prepárese para dividir la tarea de matemáticas de modo que no resulte frustrante.

Intente estos consejos para mejorar las aptitudes matemáticas de su hijo.

Inténtelo hacia atrás

Enséñele a su hijo a verificar una respuesta resolviendo el problema hacia atrás. Si es un problema de resta, verifíquelo sumando.

Sea estratégico

Si un problema parece difícil, divídalo en pasos más pequeños. Haga dibujos o utilice técnicas manuales, como palillos de dientes o canicas.

Paso por paso

1. Lea el problema dos o tres veces, lentamente.

2. Reemplace los números grandes por números pequeños.

3. Haga un dibujo o diagrama.

Una última idea...

A menudo existe más de una manera de resolver un problema. Si su método es diferente del que su hijo de cuarto grado espera, pídale a su hijo que le explique la manera "nueva".

Matemáticas
cotidianas

Este año, su hijo de cuarto grado trabajará mucho con la multiplicación, la división larga y las fracciones. ¡La cocina es el lugar perfecto para reforzar estos conceptos de matemáticas... y también para obtener ayuda!

Estas son algunas ideas divertidas para incorporar las matemáticas en las actividades cotidianas.

Matemáticas de cocina

Haga que su hijo duplique o triplique los ingredientes de una receta. Es un momento excelente para enseñarle a sumar fracciones.

Problemas de horneado

"Tenemos que hacer 36 magdalenas para la venta de pasteles. Cada receta alcanza para una docena de magdalenas. ¿Cuántas hornadas tenemos que hacer?"

Tamaño de los utensilios

Tener los utensilios adecuados es tan importante como medir con exactitud los ingredientes de una receta. Deje que su hijo lo ayude a encontrar todo lo que se necesita para el proyecto de cocina. "Lee la receta y mira qué tamaño de cacerola necesitamos".

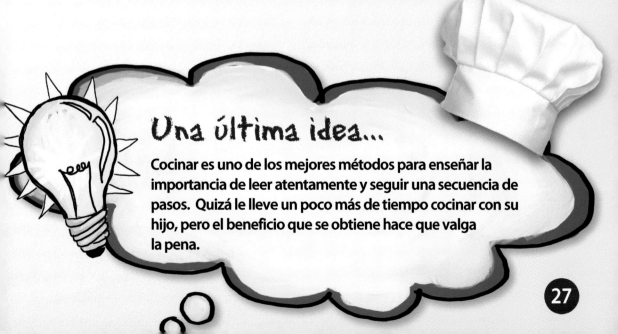

Una última idea...

Cocinar es uno de los mejores métodos para enseñar la importancia de leer atentamente y seguir una secuencia de pasos. Quizá le lleve un poco más de tiempo cocinar con su hijo, pero el beneficio que se obtiene hace que valga la pena.

Cómo resolver
divisiones largas

Los niños de cuarto grado están adquiriendo aptitudes matemáticas más complejas. Revise estos consejos para ayudar a mejorar las aptitudes de su hijo para la división larga.

Cambie el modo en el que está planteado el problema.

$$2 \overline{)68} \quad \quad 6 \div 2 = 3$$

$$2 \overline{)68} \quad \quad 3 \times 2 = 6$$
$$6$$

$$\begin{array}{r} 3 \\ 2 \overline{)68} \\ -6 \\ \hline 0 \end{array} \quad \longrightarrow \quad \begin{array}{r} 3 \\ 2 \overline{)68} \\ -6\downarrow \\ \hline 08 \end{array}$$

$$\begin{array}{r} 34 \\ 2 \overline{)68} \\ -6 \\ \hline 08 \end{array} \quad \quad 8 \div 2 = 4$$

Verificación:

$$\begin{array}{r} 34 \\ 2 \overline{)68} \\ -6 \\ \hline 08 \\ -8 \\ \hline \end{array} \quad \quad 34 \times 2 = 68$$

29

Ciencia
a nuestro alrededor

Su hijo de cuarto grado está explorando la ciencia biológica, la ciencia de la Tierra y la ciencia física. Ayúdelo a fomentar su aprendizaje sobre las investigaciones con alimentos, las formas de vida, las plantas, los animales y sus ámbitos.

• •

Estas actividades ayudarán a su hijo a tener una visión crítica sobre las ciencias.

Causa y efecto

Pueden realizarse experimentos sencillos de causa y efecto con plantas económicas. Modifique el riego, la fertilización y la iluminación. Hagan predicciones sobre cómo estos cambios podrían afectar a la planta.

Ciencia con alimentos

Trate de averiguar por qué, si se arrojan uvas pasas a una bebida gaseosa, estas "bailan" después de algunos minutos. Sumerja un huevo o un hueso de pollo en vinagre y vean qué sucede dentro de un par de días.

Ciencia de la Tierra

Este año se fomenta una comprensión más profunda de la relación que existe entre los seres vivos y la Tierra (y el cielo). ¡No vacile: conviértase en investigador junto a su hijo!

Cuerpo humano

Una visita al consultorio del médico es una buena oportunidad para aprender sobre el cuerpo humano. Incentive a su hijo a hacer muchas preguntas.

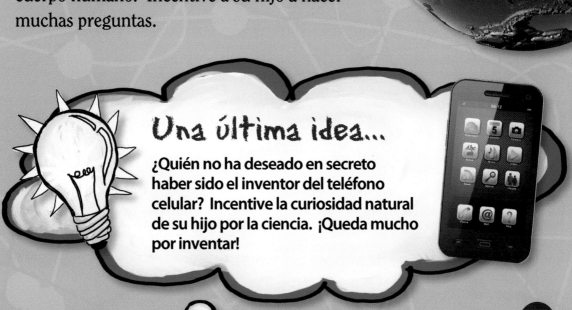

Una última idea...

¿Quién no ha deseado en secreto haber sido el inventor del teléfono celular? Incentive la curiosidad natural de su hijo por la ciencia. ¡Queda mucho por inventar!

Aptitudes de
estudios sociales

Su hijo de cuarto grado está aprendiendo sobre los acontecimientos claves de la historia de su estado y del gobierno nacional.

Con estas actividades, ayude a su hijo a desarrollar conciencia de la historia y la diversidad.

Use un mapa

Use un programa como Google Maps para buscar la dirección de su casa. Desde la vista aérea, amplíe para ver cómo se ven su vecindario y su ciudad desde arriba.

Alrededor del mundo

Compare su comunidad con la de sus parientes alrededor del mundo.

Periódico

Suscríbase a un periódico para conocer los acontecimientos actuales y aprender lecciones de la historia.

Página del clima

Utilice la página del clima para rastrear cómo afectan algunos acontecimientos, por ejemplo una sequía o una ventisca, a la gente y a la economía.

Una última idea...

Celebre su historia familiar recogiendo historias de las personas mayores de su familia. Pida a los abuelos de su hijo que escriban o graben sus recetas, historias y recuerdos favoritos.

Equilibrio
después de la escuela

Es importante encontrar un equilibrio para que su hijo tenga mucho tiempo para relajarse. Inscríbalo en algún programa después de la escuela, para que pueda distraerse del colegio y del estudio y disfrutar de otras actividades extracurriculares.

Ciencias

Averigüe en su museo local de ciencias si se dictan clases sobre experimentos de química.

Deportes

En la liga de su ciudad hay muchos deportes diferentes para su niño. Hable antes con su hijo sobre qué equipo le gustaría integrar.

Arte

Quizá el centro de arte de su vecindario ofrezca clases comunitarias de realización de videos, pintura o danza.

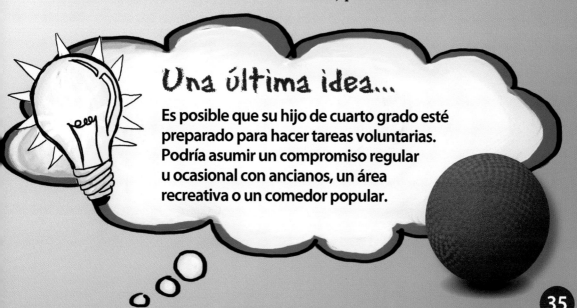

Una última idea...

Es posible que su hijo de cuarto grado esté preparado para hacer tareas voluntarias. Podría asumir un compromiso regular u ocasional con ancianos, un área recreativa o un comedor popular.

Otra vez
en el camino

Utilice estas recomendaciones para convertir sus viajes cotidianos por la comunidad y los viajes más largos en experiencias ricas de aprendizaje. Todo el mundo tendrá más participación, y quizá ya no vuelva a escuchar la constante pregunta: "¿Ya llegamos?"

Guía turístico

Antes de realizar un viaje, haga de su hijo un organizador de viajes. Comuníquese con la cámara de comercio o use la Internet para investigar lugares que deseen visitar durante el viaje. Deje que su hijo de cuarto grado planifique el viaje activamente y sea el guía turístico.

Fotógrafo

Invierta dinero en una cámara digital para grabar los viajes locales y los más largos. Para los viajes locales, pida a su hijo que tome fotos temáticas de escenas variadas: vacas, la ropa tendida en una cuerda, pájaros, sillas en los porches, buzones, carteleras, etc. Para viajes más largos, pida a su hijo de cuarto grado que combine la fotografía con un diario de viaje.

Una última idea...

Reúna en una bolsa de viaje o mochila una
variedad de materiales, como sopas de letras,
sujetapapeles, papeles y lápices.

Diversión
en familia

El cuarto grado no es solo estudiar y trabajar. A su hijo todavía le encanta jugar, y las investigaciones indican que el juego siempre es importante. A través de los juegos grupales, aprendemos a pensar estratégicamente, a resolver problemas e incluso a hacer un poco de ejercicio.

¡Intente algunas de estas ideas para divertirse en familia!

Carreras y relevos

Coloque prendas de talla grande en dos bolsas. Cada jugador del equipo debe correr, ponerse las prendas, quitarse las prendas y correr de regreso. Otra posibilidad es poner todos los zapatos en una pila. Cada jugador llega corriendo, busca sus zapatos, se los pone y regresa corriendo.

Jardín temático

Cultiven un jardín temático, como por ejemplo un jardín de hierbas para preparar salsa, un jardín con flores para mariposas y abejas o un jardín de abecedario (una planta por cada letra).

Juegos de mesa

¡No olvide qué divertidos pueden ser los juegos de mesa! Son un modo excelente de reunir a la familia para divertirse un poco más. Si quiere probar algo nuevo, pida a su hijo de cuarto grado que invente un juego que incluya a toda la familia. ¡Dígale que no se olvide de anotar las reglas!

Una última idea...

Si no tiene un espacio abierto, use el parque local para jugar en familia. También puede llevar pelotas u otros juguetes al parque para divertirse al aire libre.

Querido padre:

Su hijo de cuarto grado está bien encaminado para ser independiente de muchas maneras. Este año es importante para sostener la estrecha relación que ha forjado con su hijo durante toda su vida. Sigan conversando, hagan proyectos juntos y diviértanse. ¡Hasta puede sorprenderse a sí mismo recuperando algunas aptitudes antiguas... y quizá aprendiendo otras nuevas!

Esperamos que esta guía del padre le haya ofrecido algunas buenas ideas para probar a lo largo del viaje. No olvide que la Internet es una buena fuente para buscar más ideas. ¡Disfrute todas estas experiencias, porque cuando menos lo piense, su hijo ya estará en quinto grado!

¡Gracias!